THE MONSTER TANK
LADY BIRD

沈黙の勇者

「西部警察」
1979年10月14日スタート 毎週日曜 夜8時〜8時54分
刑事ドラマで初めて見せた超大型市街戦に言葉を失った。

Browning M2 Caliber .50

装甲車 TU-89 355 LADY BIRD
装備重機関銃
ブローニング M 2 キャリバー 50 が仕様モデル

「ブローニング M2 キャリバー 50」は、各種軍用機や装甲車・戦車の破壊を目的として、アメリカで開発された世界最高水準の重機関銃でいまも、アメリカ、日本をはじめ、各国の第一線で活躍している名機関銃である。

1979年 銀座数寄屋橋交差点付近

未来を救え

炎熱の下で

テレビ画面の枠を破壊！

覚悟の有り方

「勝手に暴れるがいい。だが、俺との決着をつけてからにしろ！」大門圭介

義に賭(と)す、散って悔いなし

特撮や、CGもなく、すべてが本物にこだわる超リアルアクションに俳優たちも命懸けの撮影を敢行した。この第一回「無防備都市」から始まったスーパーポリスアクションドラマ『西部警察』は一気にその破壊力を増して、日本中を席巻し、テレビ、日曜8時台のトップに躍り出た。西部警察LEGENDの始まりである——。

そして、漢たちの時代が幕をあけた

特撮 1979年7月2日
鋼鉄の怪物
神宮の社に
ベールを脱いだ

1979年7月2日正午。東京・神宮の絵画館前広場で装甲車レディーバードが公開された。製作日数6カ月、製作費用5千万円。設計者石原裕次郎で、小松製作所で作られた。

「シナリオライターと話し合っている時に、ふと戦車を作ろうと思い立った」石原裕次郎

漢たちの夜明け前

公開された装甲車は、長さ7・6メートル、幅3メートル、重量20トンで125ミリの戦車砲と機関銃を2門を搭載。最高速度は126キロメートル、航続距離1000キロメートル、水深5メートルまで走行が可能という強者（つわもの）だ。

ヒット祈願と安全祈願

激しいカーアクションや爆破シーンが多いため、成田山新勝寺や絵画館前でスタッフ一同揃って祈願した。

後列左から、寺尾聰、舘ひろし、佐原健二、藤岡重慶、苅谷俊介、武藤章生、庄司永建、前列左から、五代高之、石原裕次郎、古手川祐子、渡哲也、布目ゆう子。

絶対的使命

何故わざわざ『西部警察』を各局激戦区の8時台に持ってきたか？
ズバリ、「日曜8時台」は局の〝顔〟だ。
そこには最高の番組を置く使命があった。

第1・2話 「無防備都市―前・後編―」 完全 PHOTO STORY

登場 ―漆黒の闇に浮かぶ姿は神か悪魔か!?―
in 防衛隊・南富士演習場

闇にうごめく黒い影……その直後、警視庁にアメリカ軍が開発した最新鋭多目的装甲車強奪の急報が入る。現場からは、西部警察署の大門圭介巡査部長が5年前に取り逃がした国際指名手配中の逃亡殺人犯・日下佑司(浜田晃)の指紋が検出された。いま、何かが起ころうとしている……!

出現 ―大東京銀座を恐怖のどん底に叩き込んだその巨獣― in 銀座

東京都中央区銀座4丁目交差点を征く装甲車、正式名称・TU‐89 355 LADY BIRD。通称、LADY BIRD。右の銀座和光は健在。映画『ゴジラ』(1954年)にも登場した左上に見える森永製菓の広告塔はもうない。往時の銀座を偲ぶ貴重な記録にもなっている。

右後方に見える『ガラスのうさぎ』(監督・橘祐典) は当時公開中だった反戦映画の宣伝用縦看板。米軍より強奪された装甲車の背に反戦映画の看板が映っている構図に渡辺拓也監督のメッセージが見てとれる。

戦後 34 年 (放送当時) ……平和な街の白昼、突如出現した「戦争」の影に人々は戸惑い、逃げまどう!

国会議事堂前を悠々と走行する不気味な装甲車。追走する白パトカーたちに混ざってタツこと巽総太郎刑事（舘ひろし）が運転するハーレーダビッドソンの後ろ姿も見える。

進軍！
―国家に挑戦する鋼鉄の革命児(レジスタンス)―
in 国会議事堂前

装甲車レディーバードを操る謎の組織の第一の要求はテレビで中継生放送中の「近鉄バファローズ（現・オリックス・バファローズ）×日本ハムファイターズ戦でバファローズに花を持たせよ」という意外なもの。

攻撃！1
―ブローニング M 2 キャリバー 50 が火を噴く！― in 築地〜芝浦

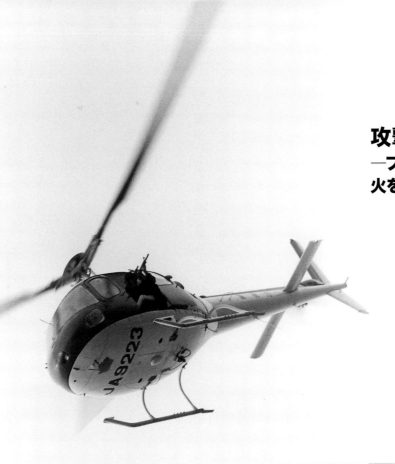

ついに牙をむく鉄の野獣！手始めにけん制走行していた前方手前の白パトカー2台を巨大な前輪でいとも容易(たやす)く踏み潰すと、警視庁が監視用に放ったヘリコプター目がけてコンピューター制御で百発百中の命中率を誇る巨砲・125ミリ砲が火を噴いた!!

カッとする
心の動きが事故のもと

警視庁 西部警察署

国家存亡の危機に警視庁屈指のはぐれ者集団、西部警察署精鋭・大門軍団が立ち上がった！

反撃！ 1―迎え撃つ漢(おとこ)たち～大門軍団フルメンバー～― in 西部警察署

鉄の野獣に生身でわたり合った命知らずの戦士たち。
左後方に見えるのは爆破隊長役の加地健太郎。

国家存亡の危機に起ち上がった二人の漢(おとこ)─

木暮謙三

演・石原裕次郎

出世コースを捨て、自ら志願して西部警察署捜査課の課長を買って出た。着任早々国家規模のテロリズム事件に遭遇。だが、沈着冷静に直属の部下の大門圭介率いる軍団を指揮した。

大門圭介

演・渡 哲也

西部警察署捜査課の荒くれ刑事たちを率いる巡査部長。人は彼と彼の部下たちを称して"大門軍団"と呼び、犯罪者たちからも恐れられている。もともと有能な刑事だが、木暮の下で天性の兵法にさらなる研きをかけることに。

松田 猛
演・寺尾聰

大門の右腕にして8inchのロングバレルを誇る44マグナムの名手。常にひょうひょうとした態度で事にあたり、今回の装甲車レディーバードによるテロ事件に際しては、冷静な判断で大門団長をサポートした。愛称は「リキ」。

巽 総太郎
演・舘ひろし

西部警察署捜査課きっての暴れん坊で、口より先に手が出るタイプ。そのため謹慎処分は日常茶飯事。今回のテロ事件では自慢のハーレーダビッドソンで装甲車を追跡・かく乱する機動力を見せた。愛称は「タツ」。

源田浩史
演・苅谷俊介

ロッカーの扉・内側に貼ってある座右の銘「体でぶつかれ 反骨精神」を体現する肉体派刑事。今回のテロ事件では、民間から拝借したダンプカーを運転して装甲車に特攻するが……! 愛称は「ゲン」。

谷 大作
演・藤岡重慶

西部警察署捜査課随一のベテラン刑事で、じつは大門の育ての親であり、「刑事魂」を叩き込んだ張本人。今回のテロ事件でも自ら前線に立って課長と団長が立てた作戦を実践した。課長からは「谷やん」、団長からは「谷さん」、後輩からは「おやっさん」と呼ばれる。

兼子 仁
演・五代高之

西部警察署捜査課の最年少若手刑事で、そのフレッシュさが魅力。ベテラン・先輩刑事たち同様直情径行で、感情のまま突っ走る傾向にあるが、責任感は強く、今回の事件では先輩たちのサポートに徹した。愛称は「ジン」。

大門明子
演・古手川祐子

大門圭介の実の妹にして唯一の肉親。若くして母親が病死してからは彼が妹を育てた（父親はもともといないようだ）。自称漫画家だが、絵柄はどう見ても劇画タッチ。その腕前を買われ、犯人の似顔絵描きのアルバイトを頼まれる機会も多く、意外に検挙に貢献している。大門は「アコ」、それ以外のみんなからは「アコちゃん」と呼ばれ可愛がられている。

二宮武士
演・庄司永建

西部警察署捜査課の係長。歴代捜査課課長は大門軍団にいびり出されたというから、そんな上役も恐れない彼らに小言を言える二宮は大人物かもしれない。課長をはじめ全員から「係長」と呼ばれ、二宮自身は課長以外を名字に「君（くん）」付けで呼ぶ。「大〜〜門くぅ〜〜ん！」の名調子はものまね番組の定番ネタにもなった。

朝比奈
演・佐原健二

木暮謙三の行きつけの BAR "CORNER LOUNGE"、通称・カド屋のマスター。当初は木暮と大門だけが出入りしていたが、やがて軍団員の憩いの場となる。木暮とは青春時代の甘く苦い思い出を共有する深い仲であることが分かるのはもう少し先の話……。そんな二人は互いを「ヒナさん」、「グレさん」と呼び合う。

攻撃！ 2―もう誰にも止められない― in 築地

凄惨!
―あらゆる物を踏みにじる
怪物装甲車―in 築地

左／巽刑事は大門から無線で指示を受けながら、ハーレーでレディーバードを追撃した。
下／白パトカーを踏みつぶし、ヘリコプターを撃墜させた鉄の野獣に反撃の機会を窺う大門軍団。もちろん大門必殺武器のレミントンM31ライアットショットガンの一撃もレディーバードの分厚い装甲の前には無力だ。

上／タイトルバック（エンディング）用映像も第1、2話の撮影と同タイミングで撮影された。首都高速道路を埋め尽くす白及び黒パトカー軍団が印象的な斬新な映像だ。だが、彼らパトカー軍団もレディーバードの前にはなす術もなかった。

左上／救世主はオープンカー仕様の日産ガゼールに乗って現れた……第1話冒頭の木暮課長の初登場シーンは「これから何かが始まる」であろう期待感を存分に煽ってくれる。

左下／南富士演習場でレディーバードが奪われている頃、大門軍団は管轄内で発生した銀行強盗犯の、ろう城事件の解決にあたっていた。このとき、正体を明かさずに木暮が大門に与えたアドバイス「出て来いと言うから引っ込んでしまう。いっそのこと、出て来るなと言ったらどうですか？」が、のちのレディーバード攻略の伏線になっているあたりの展開はさすが脚本家・永原秀一の名人芸だ。

攻防！
─新課長・木暮率いる新生大門軍団が首都防衛に命を賭す！─ in 西部警察署

松田も巽も谷も自慢の愛銃でレディーバードに立ち向かった。むろんその装甲はびくともしなかったが、最後まで諦めることのない彼らの不屈の闘志が、やがてくる勝利の刻を導き出したことは確かだ。

迎撃！
― 命知らずな西部署の猛者ども ―

逆転!
―団長捨て身の秘策にかかった
装甲車は死地へ― in 芝浦〜廃工場

大門は前期230型・グロリアの黒パトカーでレディーバードを廃工場まで誘い出し、高圧放電でコンピューターを破壊。さらに油を溜めた水溜りで身動きを封じると放水攻撃（サファリ4WDの原点!?）。松田と巽にハッチから火炎瓶を投げ込まれた鉄の野獣は断末魔の咆哮をあげて爆破・炎上した。なお、この一連のシーンの白黒スチールは現存せず、カラースチールを残すのみである。

猛攻！
―同胞に噛みつく鉄の野獣！―
in 築地〜芝浦

最終決戦がスタートする前に、レディーバードの活躍をいま一度誌上プレイバック。体当たりするでもなく普通に突き進むだけで、マイクロバス1台もぺしゃんこに。当時、「はりぼての装甲車」と一部マスコミから揶揄されたレディーバードだが、実際には、製作を担当した小松製作所（コマツ）の技術で、本物もかくやという屈強さを誇っていたのだ。

上／レディーバードの前輪で踏みつぶされた白パトカー。なんの加工も特殊効果も使っていない、リアルなレディーバードの威力だ。
右／日本政府が自分たちの要求を飲む意志のないことを確認するや、レディーバードは国家権力に襲いかかった。

巽のハーレーがレディーバードの前に躍り出て、けん制。だが、鉄の野獣は動じることなく進軍を続けた。

レディーバードを迎え撃つ警官隊。まるで戦時中の戒厳令下か白昼の悪夢のような光景だ。

源田役の苅谷はこのときはまだ前作『大都会 PART-III』(1979年)の撮影中に受けた傷が完全に癒えておらず、時折目まいに襲われての撮影だったとか。そんな状況下で、吹き替え(スタント)も使わずにダンプカーでの特攻を為し遂げてしまった役者魂に脱帽だ。

追撃!―逆襲のチャンスを狙う大門軍団― in 神南〜白金

上／芝浦から六本木への移動には大型トレーラーを使用。道路交通法上の理由もあるが、じつはレディーバードの超大型タイヤの回転はアスファルト製の公道を必要以上に削ってしまうという。でかい図体に似合わず、細心の注意をはらっての移動だった。
下／民間からチャーターしたダンプカーでの特攻を敢行しようとする源田を止めにかかる巽。舘ひろしも苅谷俊介も捨て身のスタントだ。このあとダンプカーはレディーバードに体当たりするが、装甲車のボディーはびくともせず、逆にダンプが大破して終わった。残念ながらその瞬間をとらえた白黒スチールは現存しない。

反撃！２
―生か死か!? ゲン、ダンプカーでの決死の体当たり！― in 芝浦

蹂躙！1
―破壊の限りを尽くす革命戦士― in 芝浦

日下とともにレディーバードを運転した黒人男性のジェイ・ジェイ（ウィリー・ドーシー）は機関銃の名射撃手。その腕前と迫力でセドリック230・前期型ベースの白パトカーを次々に粉砕していく。

大門は木暮に進言してダイナマイトによる攻撃を決行！それをものともせず、レディーバード第3の操縦士である工藤（片岡五郎）がその報復にパトカーの車列に向けて125ミリ砲を発射！白パトカー2台と黒パトカー1台が爆破・炎上した。

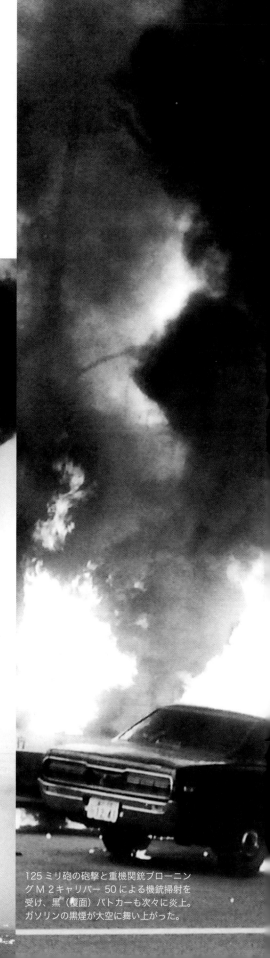

125ミリ砲の砲撃と重機関銃ブローニングM2キャリバー50による機銃掃射を受け、黒（覆面）パトカーも次々に炎上。ガソリンの黒煙が大空に舞い上がった。

蹂躙！2
―国家権力もマスメディアも
ものともしない―
in 築地／六本木・テレビ朝日前

1／レディーバード最初の犠牲車であるセドリック230・前期型。これを皮切りに白及び黒パトカーを問わず前期230型セドリックが続々とレディーバードの餌食に……。
2／警察の護送車＝シビリアンによる防壁もレディーバードのパワーの前には無力だ。
3／旧テレビ朝日社屋前に訪れたレディーバードは対マスコミへのデモンストレーションとして、社屋前にあった喫茶店を粉々に打ち砕いた。

死闘！
―最後の斗い〜レディーバード VS 大門軍団！〜―
（ラストバトル）

1／2台の白パトカーを踏みつぶしたあと、ジェイ・ジェイの機銃掃射で別の230型セドリック白パトカーが爆破・炎上！ この爆破シーンの別カットが『西部警察 PART-I』第1〜30話のオープニングで使用されている。
2／迫り来る悪魔・レディーバードに敢然と立ち向かう大門軍団フルメンバー。背後に控えるSWAT隊も格好いい。
3／ついに姿を現した黒幕・大河内巌（伊藤雄之助）。この国を陰で動かす政財界の大物フィクサーだ。憂国の士である大河内は、防衛隊を狩り出し、国家（政府）と警察を排除。新しい秩序で日本を生まれ変わらせようと企んだ。その彼は、同士・レディーバードと最期をともにする。
4／レディーバードの機銃掃射にひるむことなく渾身の一撃を見舞う松田、巽、両刑事。彼らの"若い勇気"が国家存亡の危機を救ったのだ。

OFF SHOT

—レディーバードはこうして撮影された—

レディーバードがテレビ朝日社屋前の喫茶店を破壊するシーンを撮影中。喫茶店は実在のものではなく、これ用に1分の1のセットが組まれた。『西部警察』ならではの贅沢さだ。

テレビ朝日社屋前を人々が逃げ惑うシーンを撮影中。じつは「ヨーロッパ現代絵画展」の看板も撮影用に組まれたセットだった。

車体の弾着痕はご覧のようにパチンコで銀玉を発射して付ける。映画撮影上の常套テクニックのひとつ。大門団長も自ら参戦!?

ジェイ・ジェイが機銃掃射で白パトカーを破壊するシーンはご覧のように撮影された。車高がケタ違いに高いため、セリフを録音するためのマイクを付ける専用の竿も従来の倍以上の長さとなった。

撮影隊をレディーバードの右背部越しにとらえた貴重なショット。撮影スタッフもレディーバードに立ち向かっていく印象だ。早朝の築地でも撮影され、スタッフは道行く車に土下座して止まってもらい、その間に撮影を済ませたという。

セドリック230型白パトカーを消火中……と思いきや、ガソリンを吹き替えて燃やすくしているメイキングショット。77ページに掲載した写真1のBEFOREだ。

アートディレクション デザイン	加藤茂樹
監修	（株）石原プロモーション
text	岩佐陽一
進行	三浦一郎・久保木侑里
写真提供	（株）石原プロモーション
	（株）文化工房
thanks	（株）テレビ朝日

THE MONSTER TANK
西部警察 LADY BIRD

発行日　2015年2月25日　第1刷発行

編集人 / 発行人　阿蘇品 蔵

発行所　株式会社青志社
　〒107-0052 東京都港区赤坂6-2-14
　レオ赤坂ビル4F
　（編集・営業）
　Tel：03-5574-8511
　Fax：03-5574-8512
　http://www.seishisha.co.jp/

印刷・製本　太陽印刷工業株式会社

© 2015 Ishihara Promotion, Printed in Japan　ISBN 978-4-86590-001-9　C0074

本書の一部、あるいは全部を無断で複製複写することは、著作権法上の例外を除き、禁じられています。
落丁・乱丁がございましたらお手数ですが小社までお送り下さい。送料小社負担でお取替致します。